열락의
바다

기청 시집

悅樂
열락의
바다

한강

시인의 말

봄은 사계 중 단연 빛나는 계절, 봄은 희망이고 생명이며 약속이다. 애타는 기다림이고 설렘이다. 겨울이 혹독할수록 봄은 멀고 마음은 조급해진다. 그래서 '심춘尋春'이란 '봄을 찾는' 시가 유독 마음에 와 닿는 것일까?

"봄을 찾아 하루 종일 이 산 저 산 찾아다녀도 보이질 않네/ 짚신이 다 닳도록 언덕 위 구름만 밟고 다녔네/ 지쳐 집에 돌아오니 아뿔싸/ 낡은 담벼락 늙은 매화가지에 초롱한 매화 꽃봉오리"(시 형식으로 재구성)

중국 송나라 때 이름 없는 어느 늙은 비구니(여승)의 오도송悟道頌이라 한다. 우리네 인생도 이와 같은 것일까? 오호라! 나의 생애도 이처럼 부질없고 무상한 것인지 모른다. 젊은 날은 무엇인가 구하기에 골몰한다. 하지만 그것은 집착할수록 멀어진다. 어쩌면 그것들은 처음부터 불가능한 신기루인지 모른다. 설령 잡았다 해도 곧 모래처럼 빠져나가 버리는 허상이었다. 그런 무상 괴로움 무아를 어렴풋이 알았을 때, 새로운 길이 보였다.

봄은 멀리 있는 것이 아니다. 성품도 항상 가까이에 있지만 깨닫지 못할 뿐이다. 봄을 찾아 산을 헤맨 노승의 어리석음, 하지만 돌아와 탁 무릎을 치며 단숨에 본성을 깨친 그 진리의 위대함에 머릴 숙인다.

여기 몇 편의 시들은 내 마음이 피워낸 매화송이다. 지금까지 구하기로 살아온 부끄럼의 자책自責이다. 멈추고 내려놓는 문학적 두타행頭陀行의 연습인지 모른다.

문득 어느 독자의 마음에 꽂혀 새로운 봄날의 매화로 활짝 꽃 피기를, 이것도 사치라면 그저 씽긋 웃으며 지나가는 구름 꽃으로 여겨도 무방하리라.

봄이여 봄빛이여 아직 어둡고 불안한 골짜기, 가슴 가슴을 돌아 빛 부신 웃음꽃으로 활짝 피어나기를.

2024년 5월
남한산 아래 죽림산방竹林山房에서
기청

기청 시집　　　　　　　　　　　　**열락의 바다**
　　　　　　　　　　　　　　　　　　ⓒ ⓖ

□ 시인의 말

제1부 명상의 장

꿈꾸는 사과 ───── 13
달 항아리 ───── 15
농밀 ───── 16
눈 위에 한 방울 ───── 18
보이지 않는 손 ───── 19
꿈의 무덤 ───── 21
나이테 ───── 23
너는 거기에 있지만 ───── 25
빈손 ───── 26
남은 건 무엇 ───── 27
개안 ───── 29
그들이 돌아오기를 ───── 30

제2부 열락의 장

통나무 의자 ───── 33
열락의 바다 ───── 35
가마솥 ───── 37
귀향 ───── 39
시간의 값 ───── 40

열락의 바다　　　　　　　　　　기청 시집

41 ──── 점심
42 ──── 화두
44 ──── 강태공
45 ──── 메타버스
46 ──── 자작나무 숲에서
48 ──── 빛과 소리
49 ──── 화살

제3부 서정의 장

53 ──── 눈부신 날의 눈물
55 ──── 다시 남한산성
57 ──── 아내의 텃밭
59 ──── 새벽 눈
60 ──── 그들이 몰려온다
62 ──── 미지의 항로
64 ──── 마곡사 노을
66 ──── 천년의 눈물
68 ──── 지하철에서
69 ──── 펄럭이는 것은 다
70 ──── 늦가을 여운
71 ──── 제부도 노을

기청 시집 **열락의 바다**

제4부 현상의 장

사막의 달 —— 75
까치야 너는 —— 77
육사와 조국 —— 78
팬데믹의 시간·1 —— 80
생각의 나무 —— 81
팬데믹의 시간·2 —— 82
여의도 별곡 —— 84
홍수와 나비 —— 86
장미와 살구 —— 88
무엇이 우리를 —— 89
신새벽은 온다 —— 91
할머니와 거머리 —— 92
가면들의 가면 —— 94
거기까지다 —— 96

제5부 생명의 장

까치 소리 —— 99
솟대에 관한 명상 —— 101
비행 연습·1 —— 103
비행 연습·2 —— 104
무정란의 시 —— 105

열락의 바다 기청 시집

106 —— 두두물물
108 —— 꼬랑지의 역습
109 —— 그래도 가을은
110 —— 그 많던 물방개는
111 —— 하얀 추석
112 —— 신세계에서
113 —— 가을 벚꽃

제6부 여백의 장

117 —— 안달루시아의 개
119 —— 이카로스의 달
120 —— 가을장마
121 —— 처녀자리 블랙홀
123 —— 공유
124 —— 삼밭에서
125 —— 변하지 않는 것
126 —— 낯선 얼굴
127 —— 물레방아
128 —— 가침박달나무 구름 꽃
129 —— 박꽃
130 —— 산책길에서

▫ 나의 시세계

제1부 명상의 장

꿈꾸는 사과

사과 한 알 속에는
세상의 모든 사과가
잠들어 있다

사과 속에는 그의
아버지의 먼 아버지
손자의 손자도 숨어 있다

한 알 사과 속에는
어둠 뒤의 반짝이는 햇살과
갈증 난 새벽, 달디단
한 모금 바람과 이슬

사과 한 알 속에는
먼 과거와 미래가 맞물려
꿈틀대는 인연의 사슬
시들고 움트는 풍성한 사유思惟

사과 한 알 속에는

세상의 모든 꿈들이
잠들어 있다.

달 항아리

비어 있음으로 더욱
고귀한 자태

있음도 없음도 다 비운
맑고 고운
지순至純의 여백

흙으로 빚고
불로 구워 낸 뽀얀 살결
저리 서늘한 맥박의 온기는

인욕과 비움의 절제
이름 없는 도공陶工의 눈물
어른어른 얼비치고

더는 내려갈 수 없는
아득한 바닥까지
그 비어 있음으로 더욱
깊어지는 충만의 그리움.

농밀濃密
— 아름다운 불가사의

갈대 꽃눈 날리면
죽은 나무 등걸에 거짓말처럼,
노란 싹눈이 돋는 저 명백한 기적을
언제까지 지켜볼 수 있을까?

지나온 생애
구멍 숭숭 뚫린 낡은 그물
엉성한 가시 구멍 사이로
촘촘한 별이 뜨듯

더욱 농밀濃密*해지는 삶의
아름다운 불가사의

일렁이는 노을빛 속으로
얼비치는 어린 날의 꿈
자운영 꽃 붉은 논둑길 하염없이
굴렁쇠를 굴리는 소년
허공 저편으로 솟구치다가

다시 거대한 동굴
흰긴수염고래 신비의 입 속으로
열리는 또 하나의 낯선 우주

반짝이는 그대 눈빛, 심해深海처럼
맑고 깊어질수록
세상은 아름다운 불가사의.

※농밀: 진한, 조밀한, 더 성숙해진.

눈 위에 한 방울

밤새 누가 소리 없이
하얀 도화지 한 장 펼쳐 놓으셨다
이 놀라운 변혁變革
밤새 쌓인 폭설에 뚝뚝 부러진 나뭇가지
객혈喀血의 유언장을 지우듯
할 수만 있다면

이 땅에 와서 우리
그토록 토해낸 오욕汚辱의 찌꺼기
새하얀 눈으로도 다 덮을 수 없어
한없이 너그럽고 크신 이여

이 앓아누운 절명絶命의 대지,
깊은 잠 깨우는 생명의 봄바람 되어
참회의 한 방울
부끄럼의 눈물 흘려도 좋을지
내게 아직 남은 용기가 있다면.

보이지 않는 손

누구인가
어제 진, 해를 다시 돌리고
낮 동안 텅 빈 하늘 천정에
밤이면 보석을 뿌려
총총 별빛 빛나게 하는가

보이지 않는 누구의 손이
가볍게 흔들리다가 어느새 거친 숨소리
먹구름 몰고 와서 목 타는
대지에 비를 뿌리는가

아득한 천 길 낭떠러지
내 영혼 울부짖을 때
번개처럼 내리꽂히는 폭포 줄기
푸른 밧줄을 매어 주고

막히고 끊어져서
한 발짝 물러설 수도 없을 때
소리 없이 다가와 안아 주는

이 한밤 누가
흘리는 뜨거운 눈물인가.

꿈의 무덤

다누리호*가 보내온 흑백 사진

달 표면 저 멀리
작은 유리구슬 하나 외롭다
저 작은 원구圓球 하나 허공에 둥실 떠서
돌고 돌아가는 억겁의 바다

지구에서 바라보면 그래도
계수나무 아래 토끼가
정겹게 절구질하고
아이들 눈빛 반짝이는 이야기가
어른이 다 되어도 쉽게 잊혀지지 않는
무지갯빛 꿈들이 살아 있었지

이제 문명의 눈을 빌려
달에서 바라본 허허로운 지구의 자태
저 작은 유리구슬 속에 너와 내가
허다한 만남과 별리別離의 눈물까지
국경을 허무는 코즈모폴리턴을 부르짖는다 해도

가로막는 눈물과 피 흘리는 장벽
넘어설 수 있을까 있을까

달에서 보내온 흑백 사진 속에는
잊혀진 인류의 문명사 사라진 꿈들이
켜켜이 암석에 박힌 태고의 화석이 되어

둥둥 어디로 흘러갈 것인가
외로운 꿈들의 무덤
이게 우리 미래의 꿈이 아니기를
참으로 아니기를.

※다누리호: 우리나라 최초의 달 궤도선(탐사선).

나이테

숲의 심장이 쿵! 적막을 깨고
검푸른 하늘 밑둥이 통째로 쓰러지자
놀란 산바람도 숨을 죽인다.

푸른 연기가 피어오르고
그의 꼭꼭 감추어 둔 생애가
돌개바람이 되어
무수한 아지랑이로 피어오른다
또 한 방의 차디찬 핏자국
벌목꾼의 가슴에 숭숭 뚫리는 구멍

사람마다 보이지 않는
나이테를 숨기고 산다
가뭄과 홍수 사지가 찢기는 눈보라
생채기 옹이 되어 박히고

철쭉꽃 만발한 봄날의 향기
깊이를 모르는 심해深海의 바다
가라앉은 한숨까지 가파르고 완곡한

몇 줄 동그라미로
감추며 살아간다.

너는 거기에 있지만

너는 언제나 거기에 있지만
나는 너를 볼 수가 없네
느낄 수가 없네
허공을 떠도는 바람처럼
잠깐 스치고 가는 환영幻影처럼

너는 거기에 있지만
이미 오억 칠천만 년 전 그날 잠깐
내 꿈을 스치던 인연의 조각구름
부처의 얼굴이다가
이마에 뿔 달린 나찰이다가
세상 굽어보는 거만한 별빛
유혹의 요염한 눈빛으로 입술로

아, 나는 눈멀고 귀멀어
이제 아무것도 볼 수가 없어
지금 내 곁에 와서 소곤대는
너를 볼 수가 없네 참으로
느낄 수가 없네.

빈손

무심코 지나가다가
가을 뒤꼍을 지나다가
잘 여문 알밤 하나
툭! 내어던지는 소리 어둠 걷히고
번쩍 열리는 내 안의 문

평생을 움켜잡기만 하던
집착의 밧줄
올가미가 되어 목을 조여 오던
깜깜한 어둠 꿰뚫어
툭! 내어던지는 소리

마지막 한 톨까지 전부를 내어 주고
다시 빈손으로 선 너의
가뿐하고 넉넉한 어깨 위
내 마음속 깊은 언저리에

알 수 없는 한줄기 빛살처럼 곰삭은
울음 뒤의 희열처럼.

남은 건 무엇

움켜쥐고 매달리던 젊은 날
뛰고 엎어지면서 속절없던
맹렬히 불타는 불꽃 사그라진 잿더미
한바탕 둥둥 뇌성 번개 쓸고 간 폐허
그 망할 베토벤의 운명은
그 지랄 같은 차이콥스키의 비창은
남은 건 무엇

내 머리칼 구석구석을 헝클어 놓고
내 마음 가장 은밀한 다락방
쿵쿵 흔들어 깨우던 꼭두새벽
폭설은 속절없이 내려
막히고 갇힌 절멸絶滅의 빈 원고지
남은 게 무엇인가

늙은 고목 가지 때리던 빗방울
인연의 얽히고설킨 뿌리를 거쳐
발원지發源地 떠나 기나긴 시간의 강물
흐르고 흘러

마침내 위대한
놓아 버림의 바다여.

개안 開眼

노란 햇병아리 첫눈 뜨는 날
구름도 잠시 빛을 가려
동공瞳孔 활짝 열리네

개안開眼은 또 하나 우주의 열림
아기 햇병아리 눈 뜨는 그때
해도 풀꽃도 숨을 죽이네

풀꽃에 맺힌 이슬방울 속
이글이글 타는 몸 식히던 해가
갈증을 푸는 사이
아기 햇병아리 그런 줄 모르고

이슬방울 꿀꺽 삼키려는 그때
꼬꼬댁하는 어미 닭 소리에 놀라
도로 해를 뿜어 올렸네 하마터면

해는 시치미 떼며 느릿느릿
아무 일도 없다는 듯.

그들이 돌아오기를

집 나간 그들이 돌아오기를
부끄럼도 모르는
무명無明의 누더기 벗고

생겨난 모든 것 변하고
마침내 사라지는 덧없는 이치
집 나간 그들이 돌아오기를,

제집 잊어버리고 가가호호
걸식을 하며 평생 떠돌아온 그대,

봄이면 복사꽃 피어 환한 그날
시냇가 개울물 돌돌돌
흐르는 소리에 귀가 열려,
버들가지 실눈 뜨는 기적에
마음눈 활짝 열려

날마다 등불 환한 본성의
제집으로 돌아오기를.

제2부 열락의 장

통나무 의자

누군가를 위해
비워 둔 의자는 더 아름답다

미지의 주인공을 기다리며
혹은 떠나간 주인을 추억하며
조금씩 여위어 가는
빈 통나무 의자
더 숙연하고 경건하다

불일암 낡은 툇마루 아래
통나무 의자에 앉아
노을에 물들어 가는 후박나무
바라보던 법정 스님※
문득 낡은 육신을 벗어
후박나무 아래 뿌려지고

그 굽힘 없는 대자유의 곧은 의지
가지로 뻗고 잎으로 무성하네
그 열정
반짝이는 햇살로 눈부시네

누군가를 위해 비워 둔 의자가
더 아름답고 향기롭다.

※법정 스님: 무소유를 실천한 스님, 에세이 등을 통해 세상을 일깨웠으며 저서로 『맑고 향기롭게』 등이 있다.

열락悅樂*의 바다

어디쯤인가
아무도 가보지 않은 익명匿名의 바다
시간이 녹슬지 않는 영원의

낡은 시외버스 갈아타고
가다가 목마르면 생수 한 모금
울긋불긋 지상의 꽃길 따라

걷다가 아무 데나 내려
논두렁 밭두렁길 하염없이 거닐다가
문득 청량한 가슴 하늘 바람길 따라
날아오르다 혹은 심심하여
콧노래도 흥얼거리노라면

아직 잠을 덜 깬 혼미昏迷의
꿈길 헤매듯
얼비치는 파리한 바다의 얼굴
뜨거운 눈물 마구 흘리며

귀를 쫑긋 세우고 있을
바다여, 어디쯤인가
그 너머 적멸寂滅의 무인도 어디쯤
떨며 기다리고 있을 낯선 나

파도 소리커녕 외론 물새 소리도
오지 않는 기억의 저편,
저 혼자 넘실대는
바다가 너무 멀어
어디쯤인가, 생멸이 없는
열락悅樂의 바다.

※ 열락: 기쁨 희열, 유한한 욕구를 넘어서서 얻는 큰 기쁨.

가마솥

모래로 밥을 지으려 하나
쌓아 둔 곡식은 썩어 가는데

동자야
가마솥에 불 지피려면
장작부터 패야 하는 거라

선방에 둘러앉아
허구한 날
비몽사몽간 여기가
도리천*이냐 도솔천이냐
헤매지 말고 장작부터 패던지
저녁 해 기울기 전
가마솥에 불 지펴라

모래로 밥을 지으려 하나
지혜의 쌀가마니 넘치는데

소식이 없으면

장작을 더 채우고
넘치면 불을 꺼라
이글이글 타다가 마침내
꺼지는 번뇌의 불꽃.

※도리천: 욕계 천상의 두 번째 세상, 도솔천은 네 번째다.

귀향歸鄕

이제 돌아가야 하리
잊고 온 고향 바람도 꽃도 오지 않는
천년 억겁의 시간도 잠재울
깊고 푸른 적멸寂滅

소나기의 열정에서 별리別離의 낙엽까지
만개한 꽃가지에서 내밀한 뿌리까지
그대 보는가 꽃송이 속 까만 눈[眼]
혹한의 눈 속 웅크린 생명의 불
끝없는 윤회輪回의 고리 끊어

거친 욕망의 바다
잠들지 않는 파도 다독여
비상 비비상천非想 非非想天※ 그물 벗어나

아, 지금 여기 그리운 고향
속박의 굴레 벗고 대자유의 고향으로 가리.

※비상 비비상천: 욕계 색계 무색계의 삼계 중 가장 높은 영적인 세계.

시간의 값

끼니와 끼니 사이
아침과 점심 사이 혹은
저녁과 아침 사이
매일 먹는 시간의 값
선불인지 외상인지 분간도 없이
켜켜이 쌓여만 간다

감방에는 일당 몇 억이라는
재벌에다 일당 몇 푼도 안 되는
슬픈 죄인까지 시간의 값이 다르다는데
예전에는 금쪽같은 시간이
이제 먼지만 풀풀 날리는
헐값의 빈 수레 되어 가나

매일 먹는 시간의 값
눈덩이로
켜켜이 쌓여만 가고.

점심點心

어느 마음에 점을
찍을란가

과거 마음 이미 흘러간 물
미래 마음 아직 오질 않은 미지수
현재 마음은
바람난 처녀 아이 싸돌아다니듯
잠시도 붙들지 못하니

어느 마음에
점을 찍을란가
지금 바로 여기
바람도 먹구름도 오질 않는

텅 빈 고요의 적멸寂滅
거기가 내 집인데.

화두

먼저 잠을 깬
이름 모를 새소리가
잠 속 허우대는 헛꿈을 깨우고

들어보라 한다
이 꿈길 같은 소리를
듣고 있는 그놈이 무엇인가
이 뭣고!※
눈만 뜨면 눈앞에 일렁이는

끝없는 헛것을 따라
꿀이 흐르는 낙원을 찾아
잠시도 쉬지 못하는 그대
숨이 다할 때까지 걷고 걸어도
결코 이르지 못할 그곳

이제 멈추고 내려놓고
안으로 돌이켜서 들어보라 한다
이 꿈결 같은 소리

이 뭣고!
듣고 있는 그놈이 무엇인지
꼬집어 보라 한다.

※이 뭣고: 화두-근원에 대해 깊고 간절한 의문을 갖는 참선 수행법.

강태공

진종일 나루터 쪼그리고 앉아
낚시 드리운 강태공
빈 망태기
언제 채울 건가

조급할수록 소식은 멀어지고
벌써 앞산에
노을은 내리는데

아는가 견고한 그물에 걸려
코뚜레 꿰여 옴짝도 할 수 없는
날카로운 낚시에 걸려
발버둥치는 그놈이 누구인지

그놈이 자신인지 꿈에도 모르고
텅 빈 망태기
벌써 앞산 해그림자
검은 강물을 덮쳐 오는데.

메타버스※

꿈속의 꿈이나
꿈밖의 멀쩡한 꿈이나
꿈에 취한 어리석은 자의
꿈은 개꿈일 뿐이네

눈앞에 보이는 현상
그럴듯하지만 그림자일 뿐
마음의 크레파스가 그린 한갓
관념의 백일몽

생겨난 것은 남김없이
사라지고 이것이 있으니
저것이 있는 이치

인연이 다하면 절로
고요해지는 연못
텅 빈 고요만 남을 뿐인데.

※메타버스: 가상 공간, 법의 이치로는 현상 자체를 꿈으로 본다.

자작나무 숲에서

모두 어딜 갔나 했더니
늦가을 찬바람에 가랑잎 지듯 그렇게
외로이 떠나간 영혼들
어딜 갔나 했더니

여기 다 모였네 하얀 자작나무 숲
부엉이를 닮은 할아버지 기침 소리에
살금살금 내려오던 산그늘 멈칫거리고
아버지 힘찬 기운에 거친 눈보라
세찬 비바람 물러나고

새벽이슬 반짝이는 햇살과
향기로운 바람을 섞어 어머니
세상에 없는 도너스를 만드는 사이
밤새워 자작자작
모닥불 타는 소리
아이도 별빛도 깜빡이는 밤

나이를 먹지 않는 자작나무 숲에는

늦가을 찬바람에 흩어진 가랑잎
다시 모여들 듯 그렇게.

빛과 소리

어디서 왔나
새벽하늘 반짝이는 먼 별빛
내 안 고요히
빛나는 영감靈感의 별빛

어디서 왔나
이 가을 눈물 짜는 풀벌레 소리
내 안 가득히
울려오는 침묵의 소리

근원의 푸른 바다에서
오는 무한 무량의 축복
생명의 은총.

화살

텅 빈 과녁을 향해
텅 빈 시공時空을 날아
텅 빈 빛의 허무만 차곡차곡
제행무상諸行無常※

너와 나의 거리
먼 과거와 낯선 미래의 거리
바람과 빛과 구름 사이
가르는 무한의 간극間隙

창세創世와 개벽 사이
솟구치고 꺼꾸러지는 번뇌의 계곡
뛰어넘어 생사를 넘나드는 저
불멸不滅의 화살.

※제행무상: 생겨난 것은 다 변하고 사라지며 궁극이 아니라는 삼법
  인 중의 하나.

제3부 서정의 장

눈부신 날의 눈물
— 오월 찬가

오월의 빛남
오월의 눈물

오월, 그 눈부심의 뒤꼍으로
눈송이 펄펄 꽃잎 날린다
이 아름답고 벅찬 햇살 한 모금
구김살 없는 너의 환한 가슴을
보지 못한 채 지난겨울
죽어 간 그들을 생각하면

날리는 꽃잎은 빛남
날리는 꽃잎은 눈물

천만 개의 만장으로 나부끼는
혼魂들의 축제 아닐쏘냐
이 땅의 너와 우리
칡넝쿨로 칭칭 어울려 어우러져

나팔 불고

징소리 강강 강강수월래
오월은 숙적宿敵의 너와 내가
먼저 손을 내밀고
가슴 풀어 하나가 되어

강물 그냥 흘러가듯
바람 그냥 나부끼듯
꽃잎 그냥 흩날리듯.

다시 남한산성
— 노송의 향기

여기 일어서는 남한산
날갯죽지 아래 살면서
오를 때마다 남한산 높이가
다르고 산성의 길이가 다르지만
거친 비바람 지켜 선
노송老松 솔향기는 변함이 없어

그날 둥둥 피 밴 백성의 소리
문득 오늘
소슬한 솔바람에 실려
알싸한 송홧가루 때 아닌 춘설로
아득한 산성 길 굽이굽이
눈가에 어른어른 얼비치다

다가올 세기의 천년
가슴 벅찬 겨레의 노래로
여기 남한산성은

그 지고至高한 혈맥의 깊이로

어둠 몰아내는 빛의 천지
겨레 아우르는 품의 넓이로
둥둥 새벽을 깨우는 법고法鼓 소리로
다시 저 남한산성은

우리 기억 속
꿈틀대는 청룡의 풍모로
둥기둥 격조 높은 서기瑞氣로
녹슬지 않는 청동의 빛살로
떨치고 일어서리라 남한산성이여,

오, 빛나는 조선의 무지개
겨레의 숨결 겨레의 얼과 혼魂
썩지 않는 노송의 향기로.

아내의 텃밭

뿌연 신새벽 아내의
텃밭에는 채 승천昇天하지 못한
별들이 송송

저만의 빛깔과 향기의 환한
꽃 송아리로 피었다

오래전부터 꿈꾸던
전원田園의 꿈을 접고 아내는
메마른 콘크리트 바닥 베란다에
저만의 꿈을 심었다

하얀 구절초와 산나리까지
영락없는 어린 날 추억의
고향을 불러다 놓고

내가 모르는 세상의
우주를 펼치고 있다

나는 나대로 오래전부터
꿈꾸던 그 새하얀 구절초와 흠뻑
아침 이슬에 젖은 산나리의 향 내음

숨차게 달려오면서
자꾸만 멀어져 가는 손짓
까마득 잊은 채.

새벽 눈

들창문 뿌연 새벽
첫눈 내린다 그날처럼

처음 외갓집 가던 날
새하얀 소복을 입은 어머니는
소녀적 얼굴 아직 얼비치는
낡은 툇마루 바닥
버선발 끌며 사르락사르락
정화수 한 사발

말없이 누운
외할머니 머리맡에 올리고
소리 없이 울먹이던
그날 새벽처럼
내 기억 속 묻어 둔

어머님
버선발 끄는 소리
사르락사르락.

그들이 몰려온다

이 땅의 친애하는 예술가여
그대 잠든 시간에도 멈추지 않는
그들이 몰려오고 있다네
실상 눈도 귀도 없는 것이
가공할 위력의 인공지능
예술이란 이름 쑥쑥 함부로 내뱉으며

평생을 잠들지 못해도
이 땅의 예술가는
영혼을 길어 올리는 도예가는
제 마음에 차지 않은 것
작은 불티 흠집 하나 남은 것까지
서릿발 같은 기운으로 내동댕이치고 나면
겨우 손에 꼽을 정도라는데

이 땅의 친애하는 예술가여
모두 잠든 한밤에도 잠들지 않는
그대의 심장 그대의 혼魂,
천년을 돌아 다시 눈을 뜬다 해도

잊지 못할 바람의 넋
멈추지 않을 파도의 노래여.

미지의 항로 航路

누가 설계한 것인지, 처음
비밀의 DNA 속 명령어 따라
미지의 항로가 펼쳐지고
코페르니쿠스도 발견하지 못한

항로 따라 태고의 비릿한
바람 불어오는 거기
능숙한 지휘자의 손끝에서
울려 퍼지는 웅장한 오케스트라
비발디의 사계 중 〈여름〉이 울릴 때쯤
비밀의 항로 따라 이미
도착한 기억의 섬,

노란 싹이 트고
상상의 줄기 뻗어 마침내 여기
탐스런 과일이 익어 가는
붉은 속살 감싸 안고
그리움 넘실대는, 그 바다

까만 씨앗 속엔 눈이 없지만
미지의 검푸른 항로 따라
그대가 상상하는 모든 빛깔의 꿈들이
태어날 때를 기다리고 있다.

마곡사 노을

거친 세상 얼마나 간절하면
삼대처럼 구름처럼 사람들 모였다 하여
이름까지 마곡사麻谷寺라
유서 깊은 골, 물소리 바람 따라

정갈한 단장으로 해탈문 천왕문 지나
극락교 건너 북원으로 오가던
발길도 뜸해지고
계곡물 가뿐히 건너뛰는 징검다리 너머
구름도 쉬엄쉬엄하더니

노을빛에 잠긴 오층석탑
어느새 선정에 들어
차안 피안彼岸의 경계를 넘나드는데
그 옛날 오직 한길
정혜쌍수*를 닦던 보조 지눌 스님
카랑한 목소리 들리는 듯

　―나무 마하 반야바라밀

―나무 마하 반야바라밀

※정혜쌍수: 선정과 지혜를 동시에 닦음.

천년의 눈물
― 경주 쪽샘 44호분※

먼 신라적 유독 달빛 푸르던 그날
어린 공주마마 어쩌다
비명에 떠났는지 얼마나 애통하면

넋이라도 달래려
그 여린 손가락에 금반지
금팔찌며 금귀걸이 그것도 모자라
금동관에 금동신발까지 아뿔싸

무거워 한 발짝 나를 수 없었네
금붙이 눈이 부셔 한치 앞을
볼 수가 없었네
저승길 머나먼 길 한 발짝
나를 수도 없었네

산 자의 유토피아는 욕망 속에 있고
죽은 자의 안락安樂은 멀기만 한가
어찌할까 어린 공주마마

슬픈 눈물은 사리가 되고
혼백魂魄은 아직
구천九天을 떠돌고 있는지.

※경주 쪽샘 44호분: 신라 왕족 묘역에서 출토된 주인공은 나이 10세 전후의 공주의 무덤으로 추정된다.

지하철에서

새가 날아 날며 오가다
잠시 햇살 바른 언덕에 모여
보이지 않는
은총에 머릴 조아리듯

지하철 오가다 잠시
따뜻한 오뎅 국물에
인사도 없이
눈치 볼 것도 없이

서로의 고뇌를 녹인다
변해야 산다는데
낡고 헛된 것 죄다 갈아엎고
변해야 산다는데

따끈한 국물 한 모금
변하지 않는 그 맛
개혁보다 뜨겁고
혁명보다 알싸한 그 맛.

펄럭이는 것은 다

펄럭이는 것은 다
무엇이 되고자 한다.
장마 속 잠깐 열린 기억의 빈 하늘
빨랫줄에 걸려 펄럭이는
속박束縛의 검푸른 넋

지난밤 내 꿈속을 몰래 헤집고 들어와
거대한 검은 가오리 되어
펄럭이며 나부낀다
서릿발 가지 끝 몸을 떨던 나뭇잎
강물처럼 깊고 푸른 자국을 내며
펄럭이고 나부끼던 것들

덧없는 시간 속
펄럭이는 것들은 다
무엇이 되고자 한다.

늦가을 여운餘韻

새가 모이를 쪼듯
눈만 뜨면 자판에 엎드려
시간을 잊은 내가 딱했는지
틈틈이 아내가 불붙는 늦가을
모니터 앞 한 뼘 빈터에
무더기로 풀어놓았다

자판을 두들기다 막히면 먼 산 보듯
이 불타는 가을 단풍잎
바라보라는 것인가
그런 아름다운 마음을 바라보면
단풍 색색의 물감, 들국화 은은한 향기까지

스멀스멀 모니터 속으로 흘러 들어가
멈춰 선 글자 애틋한,
아직 풀어내지 못한 생각까지도
빨갛게 혹은 샛노랗게
가을빛 물들이는 것을.

제부도 노을

얼핏 보면
젊은 날 꿈 빛이다가
다시 돌아보면

텅 빈 환영幻影, 타다 만 열정
내 기억 속 떠도는
유랑의 부표浮漂 너머
제부도 노을 아래 다시 서면

부러진 영욕의 날개
지쳐 가라앉은 함성으로
서녘 하늘 물들이는지

손짓하듯 빤히 보이는
제부도 흐르는 부표 위

오금이 저린 갈매기 저 혼자
해 질 녘 돌아가야 할 땅이 없어
오도 가도 못해 울다가

사금빛 노을
채 피지도 못한 미완未完의 꿈을
저토록 곱게 물들이며.

제4부 현상의 장

사막의 달

너는 빈 허공에 떠서
깊은 바닥까지 비우고 비워 내는
외로운 구도자求道者

이 저녁 붉게 물든 노을
서걱이는 모래 언덕 위
할퀴고 간 바람 흔적도
이제 너의 너른 품 안에서
순한 아기가 된다

먼 그날 신라의 혜초 스님*
부르튼 맨발로 사막을 건너던 밤
등불 켜들고 길을 밝혀 주던
목숨보다 사무치는 님의 얼굴

생명의 풀씨 하나 묻을 곳 없는
불모의 타클라마칸 사막
오도 가도 못하는 절망의 끝에서
환영幻影처럼 떠오르는 다르마*여

우우 어디서 피에 주린 늑대가 울고
뎅그렁 두고 온 절간 풍경 소리
환청으로 저려 오는 밤

너는 텅 빈 허공에 떠서
사막과 사막의 거친 꿈까지도
잠재우는 외로운 구도자.

※혜초 스님: 인도(천축국)로 구법 여정을 마치고 『왕오천축국전』을 남긴 신라의 스님.
※다르마: 산스크리트어로 만물을 지배하는 진리 법칙.

까치야 너는

까치야 너는 곧게 자란 나무
맨 꼭대기에만 집을 짓는다
우러러보아라
구멍 숭숭 뚫린 하늘 궁전

세상 눈총 따가워서
까마득 높은 곳에 올라
세상을 아래로 깔고 산다
아니다
더 높아지는 연습을 하며
하늘 배꼽도 만지고

아, 우리는 언제 이리
낮고 못난 구렁에서 헤어나
저 높은 곳으로
빛나는 곳으로
훤히 내려다보이는 곳으로
하늘 눈썹도 만지며
그렇게 높아질 수 있으랴.

육사陸史와 조국

조국이란 말
그 뒤에 가려진 눈물을 아느냐
비애와 분노를 아느냐

차디찬 광야에서 뚝뚝 흩뿌린
피눈물을 아느냐

앞에서는 정의를 조국을 말하고
뒤에선 호박씨 까는
그런 위선은 말고

조국을 아느냐
육첩방* 남의 나라 골방에서
문구멍으로 삐죽이 솟아오르던
숨죽인 빛의 광음光音을 들으며

하늘을 우러러
하나뿐인 목숨 기꺼이 버려
나를 버려 우리를 조국을 대의大義를

구할 수 있는 용기

그 빛바랜 구호로
조국을
함부로 말하지 말라.

※육첩방: 일본식 다다미방.

팬데믹의 시간 · 1

유폐된 파라오의 무덤
그날 빛나던 황금의 시간
다 어디로 가고

비바람에 깎인 피라미드 위
선명한 레이저로 새긴
가슴 서늘한 푸른색 글귀

―집에 머물라 안전히 머물라 우리를
　지켜 주는 이들에게 감사를

출입금지 구역 너머
어슬렁거리는 외로운 들개
어른어른 오버랩되는
우리 부끄러운
문명의 자화상 自畵像.

생각의 나무

새벽잠을 덜 깬
이불 속에서 문득 씨앗 하나가
톡 눈을 뜨고
출근길 콩나물 전철 속에서
불현듯 근질근질 가시가 돋아 나와
허무를 찔러대고 싶은 가시나무

선혈 솟구치는 아픔 되레
내 깊은 곳 근원의 강으로 흘러
머리 풀어헤친 수양버들,
그윽한 성자가 되어 아무나 붙들고
실컷 별과 진리와 별의 죽음을
논할 때쯤 고목이 다 된

느티나무 몸통은 텅 비고 한쪽 가지는
벼락에 부러지고 다른 한쪽 가지는 호수에
잠겨 하나둘 내리는 별을 건지며
내일 아침 앞산 위로 밀어올릴
반짝반짝 고운 해를 닦으며.

팬데믹의 시간 · 2

그토록 간절하게 기도하던
그 자리 텅 비어 있고
감싸며 품어 주던 그 손길마저
싸늘한 눈보라로 흩날리는
우리 오늘

가급적 안전한 곳에
사람들 웅크린 곳, 사랑하는 가족
장례식에도 가지 말라
분노의, 솟구치는 눈물까지
안으로만 삼키며
가라앉은 침묵의 시간
그리고 묵상하라

너의 탐욕, 얼마나 큰 산인지
너의 집착, 얼마나 깊은 강물인지
너의 분노, 얼마나 타오르는 불덩이인지
그대 움켜쥔 견고한 손아귀
얼마나 인색하고 부끄러운 것인지

깊은 내면에서 울려오는
목소리에 귀 기울이며
순서를 기다려라
언젠가
너의 차례가 올 것이니.

여의도 별곡

저마다 자유롭고 행복한 얼굴로
흥정을 하는 장터이거나
열린 마음으로 하나 되는 여의도
평화로운 비둘기의 광장이거나

어울려 만들어 가는
그들의 꿈 그들의 미래가
살아 숨 쉬는 곳은 광장이다

그런 민의의 전당에서
―빠루를 가져와! 난데없는 고함질에
파르르 심장이 떨고
사위어 가는 빛들의 어둠

패스트 트랙의 두 얼굴
선택은 순간이지만
잠시 스쳐 가는 그들 몫이지만

광장은 우리

대대로 푸르른 희망 새기는
청동靑桐의 보루인 것을.

홍수와 나비

지난봄 하얀 꽃구름
개망초꽃 일렁이는 가벼움으로
폴폴 날던 그 흰나비 무사할까?
긴긴 장마 폭우에

맑은 물 돌돌
사철 푸른 섬진강 화개장터,
성난 홍수에 우짜노
목까지 차오른 절망
울컥 솟구치는 눈물 우짜노

꿈인 듯 생시인 듯
거친 짐승의 울부짖음 속으로
밀어붙이는 힘, 죄다 쓸어 간다 해도
저 순박한 마음씨까지야

폭우가 내리는 날 나비는
범람하는 분노의, 강을 거슬러
오염되지 않은 순수, 원류原流를 향해

폴폴 그 여린 날개의 가벼움으로
불의를 거부하는 자유 의지 그
영혼의 솟구침으로.

장미와 살구

살구는 장미과라네
살구나무 속에 장미가 살고
장미, 그 열정熱情의 품속에
살구의 명상冥想이 살듯

대나무가 벼과라니
벼 속에 대나무가 살고
대나무 꼿꼿한 저 바람 속
무논에 허리 굽은
백의白衣의 농부들
구슬픈 소리도 산다

큰 산이 작은 산을 품듯
어울려 서로 얼싸안은
저 들을 보라

패랭이꽃 무리 속 꽃다지가
쑥부쟁이며 눈부신 구절초
서로 어울려
아옹다옹 살아가듯.

무엇이 우리를
— 보신각 종소리

무엇이 우리를
종소리를 멈추게 하나
무엇이 울리는 종소리마저
얼어붙게 하나

검은 마스크를 쓴 유령들
달빛 푸른 공동묘지
일제히 녹슨 관에서 깨어 나와
달그락달그락
백골의 축제를 벌이는 동안
여전히 멈추어 선 거리

해마다 섣달그믐날
카운트다운이 울릴 때까지
가슴 떨리는 기원으로
숨차게 달려와 와락 가슴에 안길
신부를 기다리는 설렘으로
너와 나 하나 되는 시각

바로 그 시각
올해는 멈춘다네

사람들 가슴 가슴을 돌아
북악에서 한라까지
하나로 이어 주던 그 감격.

신새벽은 온다

닭 모가지를 비튼다고
새벽은 돌아서지 않아
빛은 더 큰 빛을 부르고
어둠은 더 큰 어둠을 불러 모아

검은 대숲에 거센 바람 불러 모아
세상 뿌리째 흔든다 해도
새벽은 물러서지 않아

저 아름다운 동해 바다
산호초 너른 품으로 뭇 생명들
그중에 보름달물해파리는
텅 빈 목구멍으로 빛이란 빛을
남김없이 빨아먹고 새벽이 되면
흔적 없이 사라지지만

어스름 반디 불빛은 더 큰 빛을 불러
마침내 신새벽 열리는
불변의 섭리攝理여.

할머니와 거머리
— 어떤 기자회견

한 모금 자유의 물
얼마나 고귀하고 애틋한 것인지
한 모금 공기나 햇살이
목숨보다 절실하던

그날, 분노의 할머니들

모진 제국주의 짐승의 총검 앞에
짐승보다 낮은 자세로
무릎 꿇어야 했던,

그래도 내 조국 내 하늘
파란 눈물 붉은 울음이라도
그나마 실컷 토해 내고 싶었지만

사람 사는 세상 외치며
양의 탈 쓴 사람들 손아귀에서
한 방울 남은 붉은 눈물까지
모질고 독한 거머리 떼

이게 꿈인지 생시인지
피보다 붉은 한 모금의 자유
아직도 따뜻한 햇살 그리운

지금, 분노의 할머니들.

가면들의 가면假面
―다시 껍데기는 가라

그 시절은 그래도
말귀 알아, 부끄럼인 줄을 알아
뻔뻔한 어둠,
몸 사리고 움츠리기라도 했지

하얀 분필 가루 날리며
야간 학교 수업을 마치고 나온
병약한 신동엽*이 홀로 대폿집에 앉아
독약보다 독한 소주를 마시며
껍데기는 가라

어둠은 움칫 놀라 골목으로
줄행랑을 쳤지

목숨보다 소중한 것 어디 두고
춤추는 가면들의 가면假面
텅 빈 혼령의 껍데기

몹쓸 껍데기 감싸 도는

벌거숭이들의 가면
껍데기의 껍데기는 가라.

※신동엽: 김수영과 함께 1960년대를 대표하는 참여 시인.

거기까지다

드높이 솟아오르는 산도
구름이 머무는 곳, 거기까지다
지칠 줄 모르고 오르는 능선도
바람이 머무는 곳, 거기까지다
나를 밟고 오르는 계단도

적색의 비상구가 막아서는 곳
까만 동공洞空 거꾸러져
조락凋落의 나뭇잎 바람에 흩어지는
추락하는 날개 아래
빙빙 맴도는 거기까지다

해가 저물기 전
하산을 준비해야 한다
빈 고사목枯死木 가지 끝에 푸른
눈썹달 뜨기 전에.

생명의 장

제5부

까치 소리
— 신년 시

새날의 까치 소리는
아침에 듣는 청아한 까치 소리는
눈 내린
순백純白의 풍경을 돌아
내 안의 깊은 곳에서 울려온다

밤새 달군 붉은 해
동산에 밀어올려
얼어붙은 구석구석 녹여내나니
새날 이 아침
빛무리 타고 오는
안단테 칸타빌레 한 소절 들어보렴

거친 노여움의 불씨
눈물 나는 참회와 용서
다시 일어서는 용기와 열의熱意까지
내 안의 깊은 곳에서 시작되나니
알레그로 비바체
한 옥타브 빠르고 경쾌하게

세상은 밝고 더욱 빛나게 되리니

새날 먼동이 트는 묵상默想의 아침
영롱한 빛무리 타고 오는
까치 소리 마음 귀로
들어보렴, 먼 바다 해조음 같은.

솟대에 관한 명상冥想

솟대는 먼 하늘 미지의
세계로 향한 그리움

자잘한 지상의 이야기와
은밀한 우주의 신비가 만나는
교감의 잊혀진 통로

그런 아련한 그리움의 의문 부호
혹은 그런 기발한 신호를
맨 처음 하늘로 쏘아 올린

그의 기원祈願은 어느 별에까지 닿아
지금 밤하늘 어디쯤에서
하염없이 반짝거리며 빛나고 있는지

디디고 선 이 땅의 뿌리 깊은
어둠과 솟구치는 아픔의 진혼곡鎭魂曲을
내면 깊은 곳에서 오는 빛의 계곡을 따라
잔잔히 울려 퍼지는 천상의 선율을

아, 눈먼 이의 더듬는 건반 위에
어우러져 타오르다가 끝내는

솟대에 실어 다시 쏘아 올리면
어느 하늘 빛나는 별이 될 것인가.

비행飛行 연습·1
— 기적의 우화

시동을 걸어 볼까?
이륙離陸을 준비하는 설렘처럼
이제 막 눈을 뜬
여리고 어여쁜 자태
이 혼탁한 오염을 용케 뚫고 나와
무지와 무관심 떨치고 나와
동화 속 기적처럼

노랑 그물 날개 파닥이며
나비도 아닌 것이
잠자리도 아닌 것이

청명한 이 아침
최초의 이륙을 준비하는 설렘처럼
점점 빠른 날갯짓으로
예열豫熱이 오르면 드높이
날아오르리라
기적의 노랑뿔잠자리.

비행飛行 연습·2

얼핏 보면 나비지만
날개 펼치면 저 촘촘한 그물망 사이
어룽지듯, 노란 물빛 스민 환영幻影이듯
변신의 잠자리 되어 고귀한
생명의 자태
이제 하늘을 날아 볼까?
이륙 준비를 마친 벅찬 설렘처럼

빛 부신 이 아침
하늘을 날아 볼까?
본성의, 그물 날개 파닥이는
숨 막힌 비상의 꿈.

무정란無精卵의 시

봄 햇살 눈부신 고향 집 앞마당
갓 깨어난 햇병아리, 그 말랑한 부리로
물 한 모금 쪼아 먹고
하늘 우러러 감사하던, 그 천성
얼마나 순박하던가

눈비 견디며 알을 품던 어미는
또 얼마나 지순至純한
자비와 희생으로 도리를 다하던가

내 이제 그 어미의 사명,
대대로 이어 온 민초들, 질긴 근성으로
시詩의 알을 굴리고 굴려 보지만

이 거룩한 아침, 잠에서 깨어
하마 눈을 떠는가
무정란無精卵의 시여.

두두물물 頭頭物物

삼라만상 어느 하나
주인 아닌 것 있을까

산은 산대로 강은 강대로
땅은 땅대로 구름은 구름대로
구름을 몰아가는 바람은 바람대로
풀꽃은 풀꽃대로

부지런한 개미는 개미대로
하루 종일 빈둥빈둥 대나무나 갉아먹는
판다는 판다대로
이 세상 주인 아닌 것 있을까

그물 치고 함정에 빠지길 기다리는
거미는 거미대로
햇살 눈부신 날 아침부터 저녁까지
꽃 송이송이마다 꿀을 따다 나르는
꿀벌은 꿀벌대로 두두물물

저 혼자 착각에 빠진
이기利己의 호모 사피엔스까지

장엄하고 눈부신 화엄장 세계※
하나 속 모두가 다 있고
모두 속에 하나 있는,
깨어서 보라
이 아름다운 모순의 극치.

※화엄장 세계: 세상의 모든 존재가 본질적으로 평등하면서 서로 다른 모습으로 조화롭게 살아간다는 화엄경의 사상.

꼬랑지의 역습
—RNA 신종 코로나

마냥 자애롭던
그 모성母性의 너른 바다
생태의 그물 맨 아래층에서
반란은 시작되었다
꼬랑지의 역습인가

도시와 도시가 고립되고
먼 외계 행성처럼
마음과 마음, 빗장을 닫아걸고
어둠 속 가라앉는
우리 선량한 영혼들

마냥 베풀기만 하던
그 자애로운 자연의 모성이
마침내

생태계의 그물 맨 꼭대기,
살육과 적의敵意 흔들어 깨우는
꼬랑지의 역습.

그래도 가을은

들판에 듬성듬성 쭈빗쭈빗
멋쩍게 서 있는 수숫대도
예전처럼 잘 익어 고갤 푹 숙이고

길러 준 농부에게 한껏 머릴 조아리던
그 풍요豊饒의 시절을 생각하며

미안한 듯 부끄러운 듯
멀찌감치 물러서서 농부의
애타는 마음을 달래 주듯
불어오는 바람에 한숨만 날리는데

목마른 영혼들, 기웃기웃
낙엽에 실려 떠도는 이 가을.

그 많던 물방개는

곡우 무렵 따뜻한
논두렁 개울을 헤엄치던 그 많던
물방개는 다 어디로 갔을까?

이제
우리 기억 속에만 남아 있는
그 날씬한 몸매로 개울을 주름잡던
물속의 청소부 물방개며, 그뿐인가
물장군, 붉은점모시나비, 소똥구리, 금개구리
그들은 다 어디로 갔을까?

온갖 탐욕의 찌꺼기
몰래 쏟아붓던 검은 손들은
그 착하고 순박한 것들
울리는 조종弔鐘 소리 들으며

그 깊은 울림의 종소리
본성의 푸른 영혼 일깨우며.

하얀 추석 秋夕

이번 추석엔 고향에 오지 말거라
노모老母의 당부가 귀에 쟁쟁
가시처럼 목구멍에 걸려

코로나19로 멀어진 사람과
사람 사이가 잡초만 무성해져
눈처럼 억새꽃이 날렸다

온라인으로 차례를 지내고
홈쇼핑에서 명절 음식을 시켜 먹고
배는 불러도 마음은 허기져서

이런 삭막한 세상
떨치고 나와
휘영청 달빛은 그대로 반기는데
사막을 떠도는 순례자처럼
백골白骨에 사무치는 긴 그림자여.

신세계*에서
―아홉 대의 트럼펫을 위한 서곡

드보르작의 펜 끝에서 살아난
바다가 카라얀*의 손끝에서 비로소
꿈틀대는 포말이 된다

하얀 거품의 속살에서 빠져나온
자유의 바람, 드높이 솟구쳐 열광하듯
그들 두 마음이 하나로 그린 세상
느릿느릿 혹은 신들린 영혼들의

꿈꾸는 베일 속 파라다이스
아무도 닿지 못한 거기 포르르
잡힐 듯 하얀 나비 한 마리

파란 바다 너머 손짓하는 곳으로
연신 무어라 속삭이는 햇살.

※신세계: 드보르작의 교향곡 9번.
※카라얀: 베를린 필하모닉의 상임 지휘자.

가을 벚꽃

길 잃은 가을 벚꽃
알츠하이머에 걸렸나
뻐꾸기 울음 울던 그 질펀한 봄날
태생부터 서러운 종족種族

봄날 아지랑이 따라간 처녀 아이
이 가을 늙은 벚꽃 가지
환영幻影이듯 때 아닌 벚꽃으로 피어
화계장터에서 쌍계사 십리 벚꽃 길
연등燃燈 환하게 밝혀 들고

단풍 곱게 물들어 가는 황혼 무렵
실성한 처녀 아이 서러워
하얀 눈물 하얀 울음
철 잊은 꽃바람으로 토해 내듯.

여백의 장

제6부

안달루시아의 개

문득 안달루시아*가 떠올라
안달 안달하면서 맴돌기만 하다가
문득 안달루시아가

한번도 가보지 못한
거기, 낯선 시골 마을 백색의 눈부신
동화 속 집들이 꿈틀대는 바닷가
시계가 녹아내리는 달리의 그림 속으로
안달루시아의 작은 물잔에서
태어났다는 피카소, 그 난해한
시공 속으로 빨려 들어가
홀라맹고 빠른 템포에 맞춰

춤추는 정열의 집시
그녀의 치맛속 블랙홀 속으로
녹아 들어가는 붉은 눈빛의 투우사
어쩌면 전생의 한때
그녀를 넘보던 안달루시아의 개가
떠도는 집시를 따라

마침내 그녀 가슴속 불타는
정열의 포로가 되어
안달 안달하면서 맴돌기만 하다가
안달루시아 오, 안달루시아.

※안달루시아: 스페인 남부 지방으로 가장 재래적인 풍물의 고장이며
집시의 슬픈 역사가 숨 쉬는 곳.

이카로스의 달

너의 날개는 너를 살리기도 하고
죽이기도 하리라
아비 다이달로스가 단단히 일러주었지만

너무 높이 날면 태양열에 타서 죽고
너무 낮게 날면
바닷물에 젖어 추락하리니
하늘과 바다 중간으로만 날아라

이카로스*여, 해보다 달을 사랑하여
구름에 가린 해가 달로 보이더니
더 높이 날아올라 달을 와락 품으려다
그만 타버린 날개

추락하는 것은 날개가 있다는
역설보다 귀에 쟁쟁 울리는 충고
너의 날개는 너를
살리기도 죽이기도 하리라.

※이카로스: 그리스 신화 속 인물

가을장마

때늦은 가을장마
축 늘어져 헝클어진 대추나무 가지
마구 흔들어 깨우는 빗소리
멈추고 서서
문득 돌아보면

앞만 보고 달려왔다
옆도 뒤도 돌아보지 않고
허겁대며 가쁜 숨 몰아쉬며

충만充滿을 알지 못한 채
다람쥐 쳇바퀴만 굴리며

내가 밟고 올라선 그 자리
누군가의 탄식인 것을
때늦은 가을장마

늘어진 대추나무 흔들어 깨우듯
마구 흔들어 깨우는
영혼의 빗소리.

처녀자리 블랙홀※
— 오랜 기다림으로

황새목을 하고
오랜 기다림의 그날
거짓말처럼 오고야 말았어

그대 말이 옳았어, 아인슈타인,
인류의 등불 불가사의의 초월超越
그대 뛰어난 예지력
놀라운 상상의 힘이

오천만 광년을 넘어 우리
눈앞의 현실로 다가왔어
지금 그대에게 떨리는 마음으로
소식을 전할 수 있다면

아마도 까마득하지만
블랙홀 단숨에 달려오면 그대 환한
미소를 볼 수 있을 테지만

오, 불타는 빛의 도넛!

처녀자리 블랙홀
텅 빈 검은 구멍 속
빛마저 뱀처럼 구부러져

신의 빛나는 안경 너머 구경究竟까지
죽고 다시 태어나는 안개 속
비밀한 생성의 자궁.

※처녀자리 블랙홀: 태양계가 속한 우리 은하 중심부에 있는 초거대 질량 블랙홀, 인류 최초로 관측된 것으로 마치 불타는 도넛처럼 생겨 화제를 모았다.

공유共有

여름 한낮 고요를 깨고
윙— 벌 한 마리 출동이다
이 녀석 봐라
마치 제집처럼 거침없이 날아
코끝을 스친다

자세히 보니 뭔가를 물어 나르며
제집을 짓고 있는 모양
이 간 큰 녀석 하다가도
생각해 보면
처음부터 내 집이란 게 있었나

모두 함께 사는 이 땅
처음부터 주인이란 게 있었나
잠시 눈비를 피하다가
슬프고 아름다운 꿈을 꾸다가

그렇게 훌쩍 떠나는 것을.

삼밭에서

그땐 마을 집집마다
삼농사로 밤을 잊었지
키 큰 삼나무 밭에 유령이
산다는 소문도 깜빡 잊은 채

달 뜨는 밤이면
개구쟁이들 술래잡기 놀이
삼대 밭에 숨어서 보는 보름달
왜 그리 크고 밝은지

삼밭에 쭈그리고 앉은
그 녀석 흘러내린 삼베 바지춤이
얼마나 우스웠던지

시퍼런 등불 켜고
어지러이 삼밭을 누비던 유령
정체불명의 반딧불이
왜 그리 오싹하던지.

변하지 않는 것

세상에 변하지 않는 것 있을까
처음 그대로 밝음 그대로

연꽃 위, 구르는 물방울 맑음 그대로
물속 환히 비치는 투명함 그대로
잠든 어린아이 천진함 그대로
날선 칼끝에서도 참을 말하는 용기 그대로
먹구름을 모르는 청명함 그대로

세상에 변하지 않는 것 있을까
형성된 것은 변하고 괴로움이고
궁극이 아니라는
변하고 사위어서 마침내 사라지는
불변의 진리만 변하지 않을 뿐.

낯선 얼굴

어느 날 내가 없다
거울 속 낯선 얼굴처럼
나 아닌 나

나를 닮고 싶은 나를 위장한 나
나를 철저히 해체하고 싶은 나
너를 닮고 싶은 나
너의 가슴에 오래 묻히고 싶은
너의 가장 깊은 곳에서 네가 되고 싶은
거울 속 공허한 달처럼
만져지지 않는 가상의 나
나를 누르고 나를 던져 버리는

그런 용감한 나는
어디에도 없다
거울 속 낯선 얼굴처럼
거울 속 공허한 달처럼.

물레방아

내 어릴 적
방아마을 외딴곳
물레방아는 홀로 돌았지
낮 밤 없이 돌았지

후끈 달아오른 여름날 밤
동네 아이들 몰래 만나
풋사랑 나누던 밤도
저 혼자 돌았지
지금은 흔적 없이 사라진
낡은 물레방아가 삐걱거리며
절로 저절로
내 깊은 곳에 덩더쿵
쓸쓸한 여운을 남기고

그때 나는 몰랐지
삶과 죽음,
윤회의 끝없는 물레방아
왜 그리 돌고 도는지.

가침박달나무 구름 꽃

어 이건 생시가 아닌
먼 전생의 어느 시절
잠시 스치던 구름
하얀 무더기가
헛것으로 펼쳐진 걸까

어느 절간에서
울려 퍼지던 산사 음악회
능숙한 지휘에 맞춰
일시에 저리
무더기로 피어난 걸까

오늘 내 산책길
외로울세라
하얀 드레스를 입고
하르르 마중 나온 한 무리
어린아이들
가침박달나무 하얀
구름 꽃.

박꽃

무심코 모니터를 보다가
문득 눈 안에 줌인 되는
희디흰 박꽃

오랫동안 잠자던 설움이
까마득 잊고 있었던 응어리가
일시에 분수처럼 솟아올라

엉엉 퍼질고 우는
그래도 못 본 체 일만 하는
어머니가 어찌나 미운지
앙 하고 터뜨리던 울음

그날 담벼락에 붙어
몰래 기어오르던 박 넝쿨 흠칫
눈 마주친 박꽃
눈부신 박꽃 송이 더욱
서럽던 그날의 박꽃
아직 내 안에 피고 있었네.

산책길에서

엊그제 낙엽 날리던 언덕
오늘 눈꽃 날리네

엊그제 송홧가루 알싸하던
고갯마루 돌아
오늘 밤꽃이 지네

꼬물꼬물 지렁이 기어가듯
밤꽃이 어지러이 널린 그 자리
오늘 톡 알밤 떨어지네

엊그제 눈이 날리던 길목
오늘 살랑살랑 아지랑이
헛것이 손짓하네.

나의 시세계 　해설

[나의 시세계]

내 안의 푸른 바다

기청 | 시인, 문예비평가

1. 시란 무엇인가?

"시는 가장 행복하고 가장 선한 마음의, 가장 선하고 가장 행복한 순간의 기록이다."

영국의 낭만파 시인 셀리 Percy Bysshe shelley(1792~1822)는 시의 정의에 대해 이렇게 말했다. 이 말에 동의하면서도 한편으로 부족함을 느낀다. 어찌 삶이 선하고 행복한 순간만 있을까? 그 이면의 외롭고 쓸쓸한, 아프고 슬픈 순간까지도 재해석하여 성찰하는 것이 시의 묘미다.

지금까지 시작詩作과 더불어 문예지에 시론 연재나 시 비평 글을 집필해 왔다. 또한 다른 시인의 시집 해설도

제법 많이 써왔다. 하지만 막상 나의 시에 대해 쓰려니 망설여지는 것도 사실이다. 자칫하면 시에다 불필요한 곁다리를 붙이는 사족蛇足이 될 수 있기 때문이다.

한 편의 시는 발표되면 독자의 몫이다. 독자는 자신이 읽은 시를 자신만의 관점으로 재해석한다. 시에는 정답이 없는 것이다. 하지만 시인은 자신이 쓴 시에 대해 어떤 실마리는 제시할 수 있지 않을까? 그것은 자신이 창조한 세계의 설계 시공자 겸 배포자이기 때문이다. 독자의 이해를 돕기 위한 것이라면 용인될 수 있으리라 본다.

이 시집에 실린 작품들은 최근 5년간 계간《문예》,《한국시학》,《문학공간》, 계간《시원》,《현대시문학》,《문학세계》,《한미문단》등 문예지에 발표한 것과 미발표 신작을 포함하고 있다. 시집『안개마을 입구』이후 10년 만에 책으로 묶은 것이다.

시는 한마디로 '낯설게 말하기'가 주요 관건이다. 반복되고 강요되는 일상의 권태 속에서 새로움을 찾는 일이다. 그러기 위해서 필연적으로 언어의 수사修辭가 요구된다. 비유와 상징에 의한 함축적 표현이 시에 생명을 불어넣는다. 활기와 상상력을 넓혀 주는 것이다. 시가 어렵다고 말하는 것은 시의 특성을 모르기 때문이다. 시를 일상적 언어로 이해하려니 어려울 뿐이다. 비유와 상징의 원관념을 파악하면 시는 생각보다 쉽고 읽는 재미까지 더해 준다. 게다가 시인이 강조하는 것, 무엇인가 독자에

게 전하려는 메시지(주제)를 파악한다면 금상첨화錦上添花다. 시는 그 낯섦의 새로움을 통해 삶의 활력, 희망과 성찰의 계기를 주는 것이다.

2. 오래 묵은 〈달 항아리〉의 뿌리

새 시집을 출판하기 위해 신작과 기존 발표작을 수집(?) 퇴고하는 과정에서 자신을 돌아보는 계기가 되었다. 첫 시집 『풍란을 곁에 두고』에 실린 시 〈공간〉과 이번 시집의 〈달 항아리〉의 통시적 상관성에 관한 것이다. 시집에 수록된 작품 70여 편의 작품 중에서 책의 중심 이미지를 담고 있는 〈달 항아리〉와 〈열락의 바다〉 두 편에 대해서만 사족 아닌 해설을 붙여 보기로 한다.

있음도 없음도 모두
엎질러 비워 놓은

오백 년 맑고 푸른
조선의 하늘엔
비 갠 날 절로 떠오르는

무지개도 지운다.

—①〈공간〉 전문

비어 있음으로 더욱
고귀한 자태

있음도 없음도 다 비운
맑고 고운
지순至純의 여백

흙으로 빚고
불로 구워 낸 뽀얀 살결
저리 서늘한 맥박의 온기는

인욕과 비움의 절제
이름 없는 도공陶工의 눈물
어른어른 얼비치고

더는 내려갈 수 없는
아득한 바닥까지
그 비어 있음으로 더욱
깊어지는 충만의 그리움.

─②〈달 항아리〉 전문

  앞의 ①시 〈공간〉은 단수로 된 간결한 시다. 군더더기를 뺀 원형 그대로의 정수만 담았다. 반면 ②시는 ①에

비해 분량이 늘어나고 관점에서도 차이가 난다. 좀 더 확장 심화된 형식이다. ①의 '공간'은 예사로운 공간이 아니다. 시의 맥락으로 보아 조선 백자의 순수하고 고결한 자태를 청정한 조선의 하늘에 빗대어 노래한 것임을 알 수 있다.

이에 비해 ②시, 〈달 항아리〉는 외형보다 내면의 텅 빈 충만과 도공陶工의 고뇌에 포커스가 맞춰져 있다. 두 작품의 간격은 무려 40여 년의 시간차가 있지만, 서로 닮아 있으나 분명 다르다. 〈공간〉에서는 백자라는 재재 대신에 그에 비견되는 '조선의 하늘'이란 공간으로 대체되었다. 이에 비해 〈달 항아리〉에서는 백자 대신 '달 항아리'로 구체화되었다.

그럼 백자라는 제재는 어디서 온 걸까? 곰곰 생각해 보니 초정 김상옥의 〈백자부〉에까지 그 실마리를 거슬러 올라간다. 초정 김상옥 선생은 《동아일보》 신춘문예를 통해 필자를 문단으로 이끌어 낸 문학적 스승이다. 그의 수많은 걸작들은 한국의 문학적 자부심을 활짝 꽃피운 업적으로 평가받는다.

찬서리 눈보라에 절개 외려 푸르르고
바람이 절로 이는 소나무 굽은 가지
이제 막 백학白鶴 한 쌍이 앉아 깃을 접는다

> 드높은 부연 끝에 풍경風磬 소리 들리던 날
> 몹사리 기다리던 그린 임이 오셨을 제
> 꽃 아래 빚은 그 술을 여기 담아 오도다
>
> ―김상옥 〈백자부〉 서두 1, 2장

한국의 전통적 미감美感을 노래한 훌륭한 작품이다. 하지만 대상의 밝고 빛나는 면에만 집중하고 있다. 그 너머 어둡고 힘겨운 고뇌의 그늘은 철저하게 가려져 있다. 그리고 백자보다는 외양에 그려진 그림(불로초 백학 채운 사슴 십장생)―도가적 이상향에 더 몰입하는 느낌을 지울 수 없다. 물론 그 대상의 빛나는 아름다움, 그 미적 속성을 찬탄하는 것도 시의 중요한 사명이지만 다른 관점에서 바라볼 수는 없을까?

이런 생각이 불현듯 솟구쳐 올랐다. 사물의 음과 양은 어느 하나로 완성될 수 없다. 달의 상현과 하현은 보이는 부분만을 본 것이다. 하지만 가려져 보이지 않는 부분까지 인정해야 비로소 온전한 하나의 달이 된다.

그처럼 '있음' 이란 것도 인식의 분별에 지나지 않는다. 있음과 없음을 모두 비워낼 때 비로소 본래의 맑음[쏘性]을 이루는 것이다.

"있음도 없음도 모두/ 엎질러 비워 놓은" 처럼 백자야말로 그 어떤 호사나 채움을 거부하는, 본래의 공쏘을 지향

하는 그런 본성의 공간으로 파악한 것이다. 그 후 수십 년
간 나의 잠재의식에 저장되었다가 어느 날, 문득 머릴 내
밀고 새로운 싹을 틔운 것이 〈달 항아리〉다. 그러니 〈달
항아리〉의 뿌리는 〈공간〉인 셈이다.

'달 항아리'는 같은 백자이지만 모양이 달을 닮은 항
아리다. 마치 그리스 신화에 나오는 아르테미스Artemis 여
신을 닮았다. 목은 짧은데다 몸통은 풍만하여 주렁주렁
무수한 가슴을 단 다산多産의 여신처럼 슬프고 아름답다.

외양은 그렇지만 그 내면을 보라, 텅 비어 있다. 깊이
를 알 수 없는 텅 빈 충만, 그것은 도공이 닿아야 할 깊고
아득한 지향의 세계, 그 예술적 본성의 진면목이 아니던
가? 이처럼 시의 모티브는 대부분 길지 않은 시간에 시로
쓰여진다. 그러나 수년 혹은 수십 년에 걸쳐 천천히 발아
되어 꽃을 피우는 것도 있는 것이다.

여기서 한 가지 풀리지 않는 의문이 남는다. 시 〈공간〉
을 쓰던 때가 아직 활기찬 젊은 무렵이다. 더구나 불교에
입문하기도 훨씬 전에, 그 핵심 다르마인 공空을, 어떤 연
유로 시에 담을 생각을 했는지 아직 풀리지 않는 수수께
끼로 남아 있다.

3. 열락의 바다 – 정신적 지향점

이 시집의 제목이기도 한 〈열락의 바다〉는 우리 모두

가 열망하는 미지의 한 공간일 수 있다. 현상이면서 관념 속의 지향점인 것이다. 열락悅樂의 사전적 의미는 기쁨이고 희열이다. 하지만 좀 다른 확장된 의미로는 유한한 욕구를 넘어서서 얻는 큰 기쁨을 말한다.

어디쯤인가
아무도 가보지 않은 익명匿名의 바다
시간이 녹슬지 않는 영원의

낡은 시외버스 갈아타고
가다가 목마르면 생수 한 모금
울긋불긋 지상의 꽃길 따라

걷다가 아무 데나 내려
논두렁 밭두렁길 하염없이 거닐다가
문득 청량한 가슴 하늘 바람길 따라
날아오르다 혹은 심심하여
콧노래도 흥얼거리노라면

아직 잠을 덜 깬 혼미昏迷의
꿈길 헤매듯
얼비치는 파리한 바다의 얼굴
뜨거운 눈물 마구 흘리며

귀를 쫑긋 세우고 있을
바다여, 어디쯤인가
그 너머 적멸寂滅의 무인도 어디쯤
떨며 기다리고 있을 낯선 나

파도 소리커녕 외론 물새 소리도
오지 않는 기억의 저편,
저 혼자 넘실대는
바다가 너무 멀어
어디쯤인가, 생멸이 없는
열락悅樂의 바다.

—〈열락悅樂의 바다〉 전문

 걸어서 우주의 끝까지 간다 해도 결코 궁극을 만나지 못한다. 현상에서는 불가능하다는 뜻이다. 그런데 버스 타고 가다가 논두렁 밭두렁 헤매고 다니면 어느 세월에 바다를 만날 수 있을까?
 첫 연 "아무도 가보지 않은 익명匿名의 바다/ 시간이 녹슬지 않는 영원의"는 아직 이름이 붙여지지 않은 '익명'인데다 '시간이 녹슬지' 않으니 현상의 공간이 아니다. '바다'는 우리가 가야 할 지향의 공간이다. 이는 정신적 영적 여정의 지향점이다. 탐하고 성내는 어리석음의 유한한 욕구를 넘어선, 그것은 곧 내 마음의 정화(맑음)이며 동시에 궁극이기도 하다.

하지만 현상은 어떤가? 우선 사물(법)에 이름을 붙이고, 그리고 좋다 나쁘다 분별을 한다. 좋으면 매달리고 집착한다. 싫으면 버린다. 이런 취사取捨 선택은 필연적으로 연기緣起를 만들고 끝없는 윤회의 그물에 걸리고 만다.

둘째 연 "시내버스 갈아타고—논두렁 밭두렁 헤매는" 것은 현상에서 길을 잃은 방향 상실의 무지를 일깨운다. 셋째 연에서는 자신의 무지에 대한 후회, 새로운 각성을 촉구한다. '파리한 바다'는 기다리다 지친 실망감이지만 '뜨거운 눈물'에서 자신의 선택에 대한 확신을 보여준다. 다섯째 연의 "귀를 쫑긋 세우고 있을" 기다림의 대상은 역설적으로 '낯선 나'이다. 결국 내 안의 자신(본성)과의 만남을 위한 여정인 것이다.

결미 부분의 "저 혼자 넘실대는/ 바다가 너무 멀어/ 어디쯤인가, 생멸이 없는/ 열락悅樂의 바다,"에서 '바다가 너무 멀어'는 대상의 물리적 거리지만 역설적으로 '내 안의 각성'이란 점을 강조한다. 우리는 머나먼 '거기' 바다를 지향한다.

하지만 역설적으로 그것은 내가 앉아 있는 '바로 지금 여기'임을 분명히 알아야 한다.

나의 시는 내 안의 푸른 바다이며 약속이자 희망이다. 봄이 되면 귀신처럼 알아차리고 톡톡 함성 터져 나오는 생명의 봄꽃처럼, 자연은 우주는 다 깨달아 있다. 우리도 이미 깨달아 있다. 다만 모를 뿐이다.
시인은 삶의 고락과 그 오묘한 다르마의 이치를, 열락의 소리를 시의 음률에 실어 그대로 전할 것이다. ＊

열락의 바다

발행 ㅣ 2024년 6월 17일
지은이 ㅣ 기청
펴낸이 ㅣ 김명덕
펴낸곳 ㅣ 한강출판사
홈페이지 ㅣ www.mhspace.co.kr
등록 ㅣ 1988년 1월 15일(제8-39호)
주소 ㅣ 서울특별시 종로구 인사동11길 16, 303호(관훈동)
전화 02) 735-4257, 734-4283   팩스 02) 739-4285

값 12,000원

ISBN 978-89-5794-563-6 04810
        978-89-88440-00-1 (세트)

※저자와의 협약에 의해 인지는 생략합니다.
※잘못된 책은 바꾸어 드립니다.